Los Siete Sacramentos

Por el
PADRE LORENZO G. LOVASIK, S.V.D.
Misionero de la Divina Palabra

CATHOLIC BOOK PUBLISHING CORP.
Nueva Jersey

CPSIA   July 2010   10 9 8 7 6 5 4 3 2 1   A/P

Jesús Dio a Su Iglesia los Siete Sacramentos

LA obra de salvación de Jesucristo es continuada en la Iglesia. A través del don del Espíritu Santo, la Iglesia disfruta de la presencia de Jesús y lleva adelante Su misión de salvar almas. La Iglesia realiza esta labor por medio de los sacramentos que Jesús dio a Su Iglesia.

JESUS nos dio los Siete Sacramentos para santificarnos y adorar a Dios. Los sacramentos son:

Bautismo.
Penitencia,
Confirmación,
Santa Eucaristía,
Unción de los Enfermos (santos Oleos),
Ordenes Sagradas y Matrimonio.

Los Sacramentos nos conceden la gracia de Dios.

La gracia nos da una nueva vida, la vida misma de Dios. Hace que nuestra alma sea santa y hermosa. Nos hace hijos de Dios y abre para nosotros las puertas del cielo. Dios vive en nosotros por medio de la gracia. Esta nueva vida se llama **gracia santificante.**

Dios también nos da Su ayuda—ilumina nuestras mentes y fortalece nuestras voluntades, para que podamos ver aquello que es bueno y realizarlo, y para que podamos alejarnos del mal. Esta gracia se llama **gracia actual.**

Los Sacramentos Son Fuente de Gracia

LOS sacramentos son como siete ríos de gracia que fluyen desde el Salvador en la cruz, a través de la Iglesia Católica. Jesús es nuestro Buen Pastor y nosotros somos Sus ovejas. El nos concede la vida de Dios y Su ayuda a través de la gracia que recibimos.

JESUS murió en la cruz para alcanzar la salvación de nuestras almas. El Espíritu Santo nos santifica dándonos la gracia que no podemos ver. Las señales exteriores de los siete sacramentos nos permiten conocer y saber que la gracia de Dios ha sido dada a nuestra alma cuando recibimos el sacramento. Estas señales externas podemos verlas con nuestros ojos, pero es solamente por la fe que sabemos que Dios nos la ha concedido. Creemos esto por las palabras del mismo Jesús quien nos dio los sacramentos para que pudiéramos compartir la propia vida de Dios a través de la gracia.

UN SACRAMENTO

ES UN

RIO

DE GRACIA

El Sacramento del BAUTISMO

EL Bautismo es el sacramento de un nuevo nacimiento como hijos de Dios. Somos santificados por el Espíritu Santo porque recibimos la nueva vida de la gracia, la vida misma de Dios.

El Bautismo borra el pecado original, el cual hemos heredado de Adán y Eva. El Bautismo nos convierte en miembros de la Iglesia y nos da derecho para ir al cielo.

ANTES de volver al cielo Jesús dijo a Sus Apóstoles: "Id y haced discípulos de todas las naciones. Bautizadlos en el nombre del Padre y del Hijo y del Espíritu Santo."

El sacerdote bautiza derramando agua sobre la frente de la persona que es bautizada, diciendo al mismo tiempo las siguientes palabras: "Yo te bautizo en el nombre del Padre, y del Hijo, y del Espíritu Santo."

El Sacramento de CONFIRMACION

LA Confirmación es el sacramento en el cual, después de haber vuelto a nacer en el Bautismo, recibimos el Espíritu Santo, que es un don que nos viene del Padre y del Hijo.

El Espíritu Santo llega hasta nuestra alma de forma muy especial, para ayudarnos a vivir una vida santa y ser buenos cristianos.

El obispo generalmente administra el sacramento de la Confirmación, que consiste en ungir con óleo la frente del confirmado al mismo tiempo que ora por los Siete Dones del Espíritu Santo.

EL Domingo de Pentecostés — diez días después de la Ascensión — Jesús envió al Espíritu Santo, la Tercera Persona de la Santísima Trinidad.

El Espíritu Santo descendió sobre los Apóstoles y la Santísima Virgen María en forma de lenguas de fuego. Un gran viento sopló a través de la casa en la cual se encontraban todos unidos rezando. El fuego significa el amor de Dios; el viento quiere decir el poder de Su gracia. En este día nació la Iglesia Católica.

El Sacramento de PENITENCIA

EN la noche del día de Su resurrección, Jesús llegó hasta el Cenáculo donde se encontraban reunidos Sus Apóstoles, y les dijo estas palabras: "La paz sea con vosotros. Como me ha enviado el Padre, así os envío Yo." Entonces sopló con Su aliento sobre ellos y les dijo: "Recibid al Espíritu Santo. A quien perdonareis los pecados aquí en la tierra, les serán perdonados en el cielo. A quienes no les fueren perdonados, no les serán perdonados en el cielo." Fue entonces que El dio a Su Iglesia el sacramento de la Penitencia y el poder de perdonar los pecados.

EL Sacramento de la Penitencia alcanza para nosotros el perdón misericordioso de Dios por nuestros pecados, cometidos después del Bautismo. Por medio del sacerdote, que ocupa Su lugar, Jesús viene a perdonar nuestros pecados y darnos Su paz cuando nos arrepentimos sinceramente de ellos, cuando hacemos una buena confesión y estamos dispuestos a repararlos con nuestras oraciones y sacrificios.

También se le llama el Sacramento de Reconciliación, porque nos ayuda no solamente a estar en paz con Dios, sino también con aquellas personas que hemos ofendido con nuestros pecados. Cuando nos confesamos admitimos que somos pecadores y pedimos perdón a Dios y a la Iglesia, porque también la Iglesia ha sido ofendida con nuestros pecados.

El poder de perdonar los pecados es parte del poder del sacerdocio, el cual es transmitido en el Sacramento de las Ordenes Sagradas hasta el final del mundo. Al pecador que se confiesa y que se arrepiente sinceramente de sus pecados, el sacerdote dice estas palabras, levantando su mano: "Yo te absuelvo de tus pecados en el nombre del Padre, y del Hijo, y del Espíritu Santo."

CUANDO tú vas a confesarte, debes hacer lo siguiente:

1.- Preguntarte a ti mismo cómo has ofendido a Dios.
2.- Arrepentirte sinceramente de tus pecados.
3.- Proponerte no volver a pecar más.
4.- Decir tus pecados al sacerdote.
5.- Cumplir la penitencia que te impone el sacerdote.

Dolor por los Pecados Cometidos

LA parte más importante de la confesión es sentir dolor por los pecados cometidos. Sentimos dolor o contrición por nuestros pecados cuando nos arrepentimos de ellos porque han ofendido a Dios, que es tan bueno, nuestro Padre celestial, y cuando nos proponemos a nosotros mismos no volverlos a cometer.

Puedes hacer un acto de contrición usando las siguientes palabras:

¡Oh, Dios mío! Me arrepiento de todo corazón por haberte ofendido y aborrezco todos mis pecados, no sólo por el castigo que merezco, sino sobre todo por haberte ofendido, Dios mío, que eres tan bueno y merecedor de todo mi amor. Resuelvo firmemente, con la ayuda de Tu gracia, no volver a pecar y evitar toda ocasión de pecado.

DEBEMOS sentir dolor por nuestros pecados, en la misma forma en que Pedro sintió dolor por los suyos. Cuando Jesús fue hecho prisionero, Pedro lo siguió a cierta distancia. Una esclava, viendo a Pedro sentado entre los soldados, dijo: "Este hombre estaba con Jesús." Pero Pedro lo negó tres veces.

Pedro después se sintió tan apesadumbrado por el pecado cometido que fue huyendo hasta un lugar muy oscuro, llorando arrepentido. Como San Pedro, debemos arrepentirnos y lamentarnos, porque cuando pecamos ofendemos a Jesús, nuestro mejor Amigo y nuestro Dios.

El Sacramento de la SAGRADA EUCARISTIA

DURANTE la Ultima Cena, celebrada la noche antes de que El muriera, Jesús nos dio el Sacramento de la Sagrada Eucaristía. Cuando El dijo: "Este es mi Cuerpo," el pan fue convertido en Su santo Cuerpo, y cuando El dijo: "Esta es Mi Sangre," el vino fue cambiado y se convirtió en Su santa Sangre. Entonces El dijo a Sus discípulos: "Haced esto en memoria Mía."

EN ese momento los Apóstoles se convirtieron en sacerdotes y les fue otorgado el poder de hacer lo que Jesús hizo, cambiar el pan y el vino en el Cuerpo y Sangre de Jesús. A su vez, ellos pasaron este poder a otros hombres cuando se hicieron sacerdotes.

A través de los obispos todos los sacerdotes en la Iglesia de hoy, reciben el poder de consagrar, para que de esa forma todo el mundo en todo momento pueda estar presente en el Sacrificio de Jesús. La acción por la cual el pan y el vino son convertidos en el Cuerpo y Sangre de Nuestro Señor, es llamada la Santa Misa.

El sacerdote parte el pan demostrando que todos debemos participar en el Unico Cuerpo de Cristo.

La Misa es el Sacrificio de la Cruz

L A celebración Eucarística es conmemorada en obediencia a las palabras de Jesús en la Ultima Cena: "Haced esto en memoria Mía."

La Santa Misa nos se presenta la Pasión, Muerte y Resurrección de Jesús.

La Santa Misa nos recuerda a Jesús ofreciendo Su vida por nosotros en la Cruz. Es el mismo Cuerpo y la misma Sangre que fueron ofrecidos entonces, pero ahora El está en la gloria y no sufre más. Jesús nos sigue otorgando, por los siglos de los siglos, la ofrenda de Sí mismo que El hizo en el Calvario, y nos sigue dando las gracias y méritos ganados por El con Su muerte.

También recordamos Su Resurrección, por la cual El conquistó la muerte, y Su Ascensión al cielo y a la gloria que El desea compartir con nosotros.

La Misa es el sacrificio en el cual la Iglesia no solamente recuerda a Jesús, sino que también nos trae Su Muerte y Su Resurrección para que nosotros participemos de ellos. A través de las manos de los sacerdotes y en nombre de toda la Iglesia el sacrificio de Jesús es ofrecido en la Eucaristía pero sin derramamiento de sangre, en forma sacramental.

El sacerdote, por el poder que le confieren las Santas Ordenes, tomando el lugar de Jesús, nos trae el Sacrificio de la Eucaristía y lo ofrece a Dios a nombre de todos los fieles.

Jesús — Nuestro Ofrecimiento a Dios

DURANTE la Santa Misa, a través de Cristo y el sacerdote en el altar, *adoramos* a Dios porque El nos creó; le *damos las gracias* por ser tan bondadoso con nosotros; le *suplicamos su perdón* porque lo hemos ofendido; le *rogamos* Su ayuda porque necesitamos de Su gracia para salvar nuestras almas.

Durante la Misa ofrecemos al Padre celestial, a Jesús, como el *Don* más preciado que tenemos, y le rogamos en nombre de Jesús, El cual murió por nosotros en la cruz y una vez más Se ofrece a Sí mismo por nosotros, para que perdone nuestros pecados y nos conceda todas las gracias que necesitamos para alcanzar el cielo. Este Don es digno de Dios, porque El es Su Unico Hijo, El que murió en la Cruz, y quien ahora se ofrece a Sí mismo. Esta es la forma de adorar a Dios más elevada que existe. Debemos ofrecerle este Don perfecto especialmente los Domingos, el día del Señor, el día de la Resurrección de Jesús.

ANTES de regresar al cielo, Jesús dijo a Sus Apóstoles: "¡Sabed que estoy con vosotros siempre, por los siglos de los siglos!" Jesús está siempre con nosotros en el Sacrificio de la Misa. A través de Sus sacerdotes, El se ofrece a Sí mismo de nuevo a Su Padre celestial en cada Misa y El desea que nosotros nos ofrezcamos juntos con El—todo nuestro trabajo, nuestras alegrías y sufrimientos.

Jesús — El Don de Dios a Nosotros

LA Santa Comunión es la acción por la cual recibimos la Sagrada Eucaristía—el Cuerpo y la Sangre de Cristo—como alimento espiritual para nuestra alma. El pan y el vino en el altar nos recuerdan el alimento y la bebida en una comida. La Eucaristía es una comida recordándonos la Ultima Cena. En esta comida nos unimos a Jesús, y unos con otros en Jesús y nos preparamos para el banquete eterno en el reino celestial.

Jesús nos prometió este alimento celestial cuando dijo: "Yo soy el Pan de Vida que ha venido del cielo. Todo aquel que coma de este Pan tendrá vida eterna; el Pan que Yo doy es Mi carne, por la vida del mundo. Aquel que coma de Mi Carne y beba de Mi Sangre tendrá vida eterna y resucitará en el último día. Porque Mi Carne es verdadero alimento y Mi Sangre verdadera bebida. El hombre que coma de Mi Carne y beba de Mi Sangre permanecerá en Mí y Yo en él."

En la Santa Comunión Jesús llega como Amigo nuestro a visitar nuestra alma. El nos concede Su gracia para que nuestra alma sea agradable ante Dios y para ayudarnos a ser buenos.

EN el Santo Sacrificio de la Misa nosotros ofrecemos al Padre celestial el mejor regalo que tenemos, Jesús. En la Santa Comunión el Padre celestial nos regala el mejor Don que El posee—Su propio Hijo, nuestro Dios y Salvador.

Si de veras amamos a Jesús debemos recibirlo en la Santa Comunión cada vez que vamos a Misa; no solamente los Domingos, sino también durante la semana y siempre que podamos.

Dios Con Nosotros

AL igual que el Arca de la Alianza y la Columna de Fuego eran señales de la presencia especial de Dios para Su pueblo durante la larga jornada en el desierto, así está presente Jesús con nosotros en el tabernáculo, para ser nuestra ayuda y nuestro apoyo en nuestro viaje por la vida. ¡Dios está siempre con nosotros!

En cierta ocasión la gente empezó a traer sus niños hasta Jesús para que El los tocara y Sus discípulos trataron de alejarlos para que no molestaran a Jesús. Jesús se dio cuenta de esto y les dijo: "Dejad que los niños lleguen a Mí y no los molestéis. Porque justamente a ellos pertenece el reino de Dios." Entonces los abrazó y los bendijo, colocando Sus manos sobre ellos.

TODAVIA Jesús invita a los niños a llegar hasta El en la Santa Comunión para poderlos bendecir y guardarlos muy cerca de Su corazón. También El los invita a que le rezen en el tabernáculo, donde El se encuentra día y noche, orando a Su Padre celestial por todos nosotros. Jesús es el mejor Amigo de los niños.

El Sacramento de UNCION DE LOS ENFERMOS

LA Unción de los Enfermos es el sacramento para aquellos que están enfermos de gravedad, en peligro de muerte o de edad muy avanzada. Por medio de la unción con aceite que ha sido bendecido y con las oraciones por que el enfermo recobre la salud, la Iglesia ruega a Dios que ayude a los enfermos en sus sufrimientos, perdone sus pecados y les conceda la salvación eterna.

Los Apóstoles colocaron sus manos sobre ciertos hombres, a los cuales habían escogido como sacerdotes, concediéndoles los poderes del sacerdocio.

El Sacramento de las ORDENES SAGRADAS

DURANTE la Ultima Cena, Jesús dio a Su Iglesia el Santo Sacrificio de la Misa y también el sacramento de las Ordenes Sagradas. El hizo sacerdotes de Sus Apóstoles al ordenarles y darles poder para hacer lo que El había acabado de hacer: "Haced esto en memoria Mía." Este poder de ofrecer el sacrificio en el nombre de Jesús y de Su Iglesia convirtió a Sus Apóstoles en sacerdotes.

La noche del Domingo de Pascua Jesús otorgó a Sus Apóstoles el poder de perdonar los pecados en Su nombre. "Recibid el Espíritu Santo. A todo aquel a quien perdonareis los pecados, estos les serán perdonados en el cielo; y aquellos a quienes no les fueren perdonados, tampoco les serán perdonados en el cielo."

LOS Apóstoles, a su vez, traspasaron los poderes sacerdotales a otros hombres en el sacramento de las Ordenes Sagradas; éstos ordenaron más obispos para que continuaran la tarea de salvar almas. Estos obispos ordenaron otros obispos y sacerdotes; por lo tanto, el poder del sacerdocio proviene de Jesús mismo.

El Sacramento de las Ordenes Sagradas convierte a ciertos hombres y los asemeja a Jesucristo, concediéndoles el sagrado poder de servir al Pueblo de Dios al ofrecer el Sacrificio de la Misa, perdonando los pecados y ungiendo a los enfermos.

El Sacramento del MATRIMONIO

EL Matrimonio fue instituido por Dios, Creador nuestro, en el Paraiso, al unir a Adán y Eva en una unión que no se podría disolver nunca, para que ellos pudieran traer hijos al mundo y amarse el uno al otro. Sus primeros hijos fueron Caín y Abel.

Jesús hizo del matrimonio un sacramento. El hizo esto con el propósito de ayudar a dos personas a vivir unidas hasta la muerte, en las alegrías y en el sufrimiento, amándose fielmente; ocupándose también del alma de los hijos que Dios quisiera concederles a este matrimonio.

El Matrimonio es el sacramento en el cual un hombre y una mujer que hayan sido bautizados se unen para toda la vida en el casamiento y reciben la gracia para llevar a cabo sus deberes el uno para con el otro y para con sus hijos.

Los hijos deben obedecer a sus padres porque ellos ocupan el lugar de Dios aquí en la tierra, también Dios desea que los niños amen a sus padres. Ellos deben sus vidas a sus padres, porque la unión de sus padres dio como fruto su nacimiento. Los niños deben rezar por sus padres todos los días.

HUBO un verdadero matrimonio entre la Virgen María y San José. María fue la verdadera madre de Jesús y San José no fue Su padre natural, sino padre adoptivo. María es ejemplo de madre y de esposa para todas las mujeres del mundo. José es ejemplo de esposo cristiano. Jesús constituyó la alegría y felicidad de la Sagrada Familia. Jesús enseña a los niños cómo ellos deben honrar, obedecer y amar a sus padres.

Los esposos administran el Sacramento el uno al otro al dar su consentimiento. Generalmente esto debe tener lugar delante de un sacerdote y dos testigos.

Jesús, Alegría de la Familia

LA vida de la Sagrada Familia en Nazaret fue una vida de trabajo y oración; se amaban los unos a los otros, y vivían felices todos unidos porque Dios estaba con ellos.

La vida de la Sagrada Familia es un ejemplo para todas las familias cristianas. El amor entre el padre y la madre de la familia por amor a Dios es la fuente de amor en toda familia y de la felicidad. Los padres y los hijos deben darse unos a otros buenos ejemplos y orar diariamente para que Dios bendiga la familia, al igual que El bendijo la Sagrada Familia de Jesús, María y José.

Oración de la Familia

JESUS, bendice nuestra familia con las gracias de Tus sacramentos. Ayúdanos a todos a amar y obedecer Tus santas leyes. Ayúdanos a amarnos los unos a los otros porque eso es lo que Tú deseas.

Llévanos a todos contigo al cielo algún día, donde habremos de estar todos juntos—como una familia feliz—en la eternidad con Dios.

A TRAVES de la gracia de los sacramentos Dios vive en nuestra familia. El Padre Celestial es Nuestro Padre. Jesús es nuestro Hermano. El Espíritu Santo es nuestra Vida. María es Nuestra Madre.

Los siete sacramentos nos dan:

1.- La VIDA de Dios en el Bautismo;

2.- La FORTALEZA de Dios en la Confirmación;

3.- ALIMENTO para nuestras almas en la Sagrada Eucaristía;

4.- PERDON para nuestros pecados en la Penitencia;

5.- SALUD Y BIENESTAR en la Unción de los Enfermos;

6.- SACERDOTES en las Ordenes Sagradas.

7.- NUESTRA FAMILIA en el Matrimonio.